Bibliographic information published by the German National Library:

The German National Library lists this publication in the National Bibliography; detailed bibliographic data are available on the Internet at http://dnb.dnb.de .

Imprint:

Copyright © 2007 GRIN Verlag, Open Publishing GmbH
Print and binding: Books on Demand GmbH, Norderstedt Germany
ISBN: 9783640624959

This book at GRIN:

http://www.grin.com/es/e-book/151076/espana-de-las-autonomias

Diana Ingeborg Klein

Espana de las Autonomías

La Segunda República: triunfo del Frente Popular en febrero de 1936 y la radicalización de las dos Espanas

GRIN Publishing

GRIN - Your knowledge has value

Since its foundation in 1998, GRIN has specialized in publishing academic texts by students, college teachers and other academics as e-book and printed book. The website www.grin.com is an ideal platform for presenting term papers, final papers, scientific essays, dissertations and specialist books.

Visit us on the internet:

http://www.grin.com/

http://www.facebook.com/grincom

http://www.twitter.com/grin_com

Karls-Ruprecht-Universität Heidelberg
Romanisches Seminar
Landeskunde: La España de las Autonomías

Sommersemester 2007

La Segunda República:
triunfo del Frente Popular en febrero de 1936 y la radicalización de las dos Españas

Vorgelegt von:

Diana Ingeborg Klein
Fächer: Spanisch (HF)
        Geschichte (HF)
        Germanistik (NF)
Abschluss: Staatsexamen

Indice de materias:

I. Introducción

Antonio Machado
„Proverbio y Cantares"
LIII
Ya hay un español que quiere
vivir y a vivir empieza,
entre una España que muere
y otra España que bosteza.
Españolito que vienes
al mundo, te guarde Dios.
Una de las dos Españas
ha de helarte el corazón.[1]

„Las dos Españas" no aparecen únicamente en la poema *Cantares* de Antonio Machado sino es algo visible en España hasta hoy en día. Para entender su origén no hay que buscar en la Guerra Civil Española sino más temprano, es decir en la Segunda República de la península. Con el triunfo del *Frente Popular*, dentro de esa época, en las elecciones en febrero de 1936 desprendó la izquierda a la derecha y marcó el dualismo político de las dos Españas. Este acontecimiento daba el preludio para una fila de conflictos cargandose más con las radicalizaciones de 1936 que culminaron finalmente en julio de 1939 en la Guerra Civil. Por lo cual el tema central de este trabajo se llama "La Segunda República: triunfo del Frente Popular en febrero de 1936 y la radicalización de las dos Españas".

Para entender bien las circunstancias y los consequencias de la Segunda República hay que considerar retrospectivamente el lapso de tiempo desde la Primera República hasta el comienzo de la Segunda: La Primera República fue el regimén político en España que abarca el período desde la proclamación por las Cortes, después de la dimisión del Rey Amadeo I. el 11 de febrero de 1873 hasta la restitución de la monarquía borbónica por Alfonso de Borbón, el 29 de diciembre de 1874. Durante la República hubo cinco presidentes bajo el título "Presidentes del Poder Ejecutivo" que fueron los siguientes en orden cronológico: Estanislao Figueras, Francisco Pi y Margall, Nicolás Salmerón, Emilio Castelar y por último Francisco Serrano Domínguez. Los 22 meses fueron marcados por varios problemas como intentos golpistas (durante la presidencia de Figueras y Pi y Margall), conflictos internos entre los monárquicos (Tercera Guerra Carlista), los republicanos federales (Salmerón) y unitarios (Castelar).[2] El espacio de tiempo de 1874 hasta 1931, el comienzo de la Segunda República, se reconoce como la Restauración del Reinado bajo Alfonso XII (1874 – 1886)[3] y Alfonso XIII (1885 – 1831).[4] Mediante de esos factores se llama sobre todo el cambio entre los repu-

---

[1] http://www.poesia-inter.net/amach188.htm
[2] Véase: http://www.guerracivil1936.galeon.com/repcd.htm
[3] Véase: http://www.cervantesvirtual.com/historia/monarquia/alfonso12.shtml
[4] Véase: http://www.cervantesvirtual.com/historia/monarquia/alfonso13.shtml

3

blicanos y los monárquicos, iniciando con la Primera República hasta la monarquía actual bajo Juan Carlos I., la atención y caracteriza una España dualista.

II. Las dos grandes coaliciones:
1. Breve historia de la CEDA

La *CEDA* (Confederación de Derechas Autónomas) fue fundado el 4 de marzo de 1933 por dos partidos católicos de derecha,[5] llamados *Acción Nacional*, luego *Acción Cátolica*, y *Derecha Regional Valenciana*. Por lo tanto fue un partido de ideología clerical conservadora con la siguiente lema para caracterizar su programa "Religión, Familia, Patria, Orden, Trabajo y Propiedad".[6]

En las elecciones del 19 de noviembre de 1933 consiguió bajo el liderazgo de José María Gil Robles y gracias a coaliaciones con varios partidos, como Renovación Española, que procedía también de *Acción Cátolica*, 113 escaños.[7] Desde aquel momento fue el partido más poderoso de España. A pesar de todo no tomó el mando del régimen a causa de la amenaza del fascismo, de lo cual sospecharon los socialistas españoles detrás de la persona de Gil Robles. Por ese motivo se formó un gobierno de centro, dirigido por Alejandro Lerroux jefe de *Partido Republicano Radical* (80 asientos politicos).[8] Con la constitución del nuevo gobierno se insertaron tres ministros de la *CEDA*. Las fuerzas de izquierda reaccionaron a este suceso con una rebelión en el centro de Asturia, en la que participaron también policías, políticos y militares. Tras veinte días fue reprimido la nombrada "Revolución de octubre de 1934".[9]

En las elecciones de febrero de 1936 perdió la *CEDA* su representación ante una coalición izquierdista denominada *Frente Popular*. En 1937 todos los partidos de la derecha fueron disueltos por el General Franco, con la única excepción de Falange España.[10] Si bien aquello marcó el final de la CEDA muchos de sus dirigentes se incorporaron a la *Falange Española* y siguieron así la política fascista de una modo mucho más agresivo y destructivo.

2. Breve historia del Frente Popular

El Frente Popular Español era una coalición electoral entre republicanos y socialistas con grupos y partidos de la extrema izquierda como el PCE (partido comunista español). Se fundó

---

[5] Además hubo otros pequeños partidos de carácter regional y agrario. Por ejemplo: La Derecha Regional Agraria de Cárceres y Plasencia.
[6] http://es.wikipedia.org/wiki/CEDA
[7] Números de: http://www.guerracivil1936.galeon.com/repcd.htm
[8] Ibid.
[9] Véase: http://www.nodulo.org/ec/2004/n032p10.htm
[10] Véase: http://www.guerracivil1936.galeon.com/fpopular.htm

el 15 enero de 1936. Los partidos más importantes del Frente Popular eran los partidos republicanos, Izquierda Republicana (IR) con Manuel Azaña Díaz y Santiagos Casares Quiroga y la Unión Republicana (UR) de Diego Martínez Barrio, los socialistas del PSOE (Partido Socialista Obrero Español) con Indalecio Prieto (moderado) y Francisco Largo Caballero que pertenecía a la ala izquierda del partido),[11] los comunistas del PCE (Partido Comunista de España), los marxistas del POUM (Partido Obrero de Unificación Marxista), los nacionalistas catalanas del ERC (Esquerra Republicana de Catalunya) y apoyadas por los sindicatos UGT y CNT (anarco-sindicalista) y las organizaciones juveniles de los socialistas y comunistas. Cuando se comparan todos estos partidos que formaban parte del Frente Popular ya se puede ver que esa coalición de partidos de centro-izquierda encerraba diferencias graves. Los partidos republicanos eran burgés-liberal. Los socialistas y comunistas trabajaban por la unificación de España mientras los nacionalistas del ERC querían una Cataluna libre o por lo menos autónoma.[12] En conclusión se puede tomar el ejemplo de los anarco-sindicalistas del CNT[13] y decir que todos los partidos y grupos que formaban o ayudaban al Frente Popular solamente lo hacían porque temían que la derecha ganara las elecciones. Con esa coalición se podría movilizar gran parte del pueblo español y así ganar las elecciones en febrero del mismo año.[14] El programa electoral era más o menos el programa burgés-liberal de los partidos republicanos (IR y UR).[15] Pero los tópicos eran aceptable para todos (por lo menos por el momento): "práctica leal y sincera de la Constitución, libertad personal, defensa de los derechos profesionales, reforma social, reparación de la injusticias, tolerancia."[16] EL PCE y POUM firmaron el pacto sobre todo porque quería conseguir una amnestía general para todos los que habían sido detenidos en el "octubre español" de 1934.[17] El texto del pacto reformuló las políticas del primer bienio de la primera coalición republicana-socialista, pero los socialistas afirmaron que no querían participar en un nuevo gobierno republicano-socialista. Pues estaba claro entonces que si el Frente Popular ganaba las elecciones los dos partidos republicanos formarían el gobierno y gobernarían con el apoyo de los otros partidos de la izquierda.[18] Ya aquí se encuentra otro punto débil de esa constelación, por ejemplo según

---

[11] Aquí se puede añadir que según Ubieto et al. (1971, p. 950/951) Prieto era el nexo entre republicanos y socialistas, mientras Largo Caballero era el puente entre socialistas y comunistas.
[12] Para los partidos de los cuales se constituía el Frente Popular véase: Juliá Díaz, Santos. "El Frente Popular y la Política de la República en Guerra." *Historia de España; Tomo XL República y Guerra Civil*. Eds. Ramón Menéndez Pidal et al. Madrid: Espasa-Calpe, 2004. P. 108.
[13] Incluso ellos (CNT) que por su ideología negaban la república aconsejaron a sus partidos que fueran a votar por el Frente Popular.
[14] Véase: Juliá Díaz, Santos. 2004. P. 108.
[15] Véase: Berneckes, Walther L. *Spaniens Geschichte seit dem Bürgerkrieg*. 3ra ed. München: Beck, 1997.
[16] Juliá Diaz, Santos, 2004. P. 108.
[17] Véase: Bernecker, Walther L. 2004. P. 36.
[18] Véase: Juliá Diaz, Santos. 2004. P. 107/108.

Largo Caballero era "una simple alianza circunstancial; una vez ganadas las elecciones, cada grupo político debía seguir su propia marcha, sin bastardecerse con peligrosos compromisos."[19] Era la "táctica del caballo de Troya" que se había proclamado en la III Internacional, según esa táctica los comunistas deberían formar alianzas electorales con la izquierda burguesa para alcanzar posiciones poderosos en la política de un país.[20] Esa división de la iqzuierda que solo se escondía hasta después de las elecciones del febrero de 1936, llevaría la república a su fin.

III. Triunfo del Frente Popular

Primero, sin embargo, el Frente Popular pudo triunfar. En las elecciones del febrero de 1936 la coalición republicano-socialista ganó un poco más de 34 % de los votos y la CEDA ganó un poco más de 33 %. Los resultados publicados el 20 de febrero eran:

      Electores...13.553.710

      Votantes...9.683.335

      Frente Popular...4.654.116

      Frente Nacional [nota del autor CEDA]......4.503.505

      Centro y vascos..525.714[21]

Las cifras exactas de votos por los partidos diferentes no es posible saber porque los votantes votaron para las coaliciones electorales. Pero aquí en la tabla1 se puede mostrar cómo se distribuían los escaños entre los partidos de los bloques electorales:[22]

Formaciones Centro-Izquierda [Frente Popular]	Esc.	Formaciones Centro-Derecha [CEDA y otro partidos de centro-derecha]	Esc.
PSOE	88	CEDA	101
Izquierda Republicana	79	Partido del Centro	21
Unión Republicana	34	Comunión Tradicionalista	15
Esquerra Catalana	22	Renovación Española	13
Partido Comunista	14	Lliga Regionalista	12
Acción Catalana	5	Partido Agrario	11
ORGA (Nacionalistas Gallegas)	3	Partido Radical	9
Otros Partidos Centro-Izq.	18	Otros Partidos Centro-Derecha	28

---

[19] Ubieto, Antonio et al. Eds. *Introducción a la Historia de España*. 8va ed. Barcelona: Teide, 1971. P. 950.
[20] Véase: Ibid. P. 951.
[21] http://www.guerracivil1936.galeon.com/fpopular.htm
[22] Ibid.; es difícil encontrar cifras exactas pero esas concordan con Juliá Díaz (2004, p. 109).

Lo más importante es que el Frente Popular ganó 263 escaños, mientras la derecha y el centro-derecha mandaría 210 diputados al parlamento. Según Santos Juliá Díaz se puede distinguir entre "tres grandes opciones que respondían a las preferencias mayoritarias del electorado: la republicana en IR-UR con 113 diputados: la socialista en el PSOE, con 88, y la católica en la CEDA, con 101 diputados."[23] Sólo que los pequeños partidos de la extrema derecha y especialmente de la extrema izquierda los cuales por su ideología no estaban conformes con el sistema de la república habían llegado a posiciones poderosas dentro del parlamento y por eso dentro del sistema.[24] Así que se puede decir que la república estaba infectada y debilitada. Las consecuencias se podrá ver en el capítulo que sigue.

IV. Radicalización de las dos Españas

Vistos los resultados de las elecciones de febrero de 1936 se nota que la ajustada victoria del Frente Popular no fue realmente un "triunfo" pero fue innegablemente un momento que manifestó el dualismo político en cifras. Así pues la subida del Frente Popular al poder, la toma de medidas como la amnestia por 30.000 presos, muchos de ellos socialistas, encarcelados desde la Revolución de Octubre de 1934 y encima de eso la destitución de Alcála Zamora en abril por la entrega del gobierno a Manuel Azaña[25] en mayo como nuevo presidente,[26] agudizó los conflictos e igualó por partes de la derecha al cabo de la Segunda República. Se produjeron una serie de incidentes en una época radicalizada. Lo cual fue favorecido por una crisis interna en el Partido Socialista Obrero Español (PSOE) que "vivió un claro proceso de radicalización",[27] especialmente entre Indalecio Prieto y Tuero (más moderado) y Francisco Largo Caballero (más radical): Al principio de su carrera política Caballero apoyó la colaboración de la Unión General de Trabajadores (UGT) con el régimen dictatorial del General Miguel Primo de Rivera,[28] lo cual dio a la confederación de sindicatos la posibilidad de funcionar bajo la dictura militar de Rivera. Prieto estaba totalmente en contra de eso y cada apoyo a la dictadura. En 1936, después de la victoria del Frente Popular, el Presidente Azaña le propuso a Prieto integrar el gobierno pero Caballero bloqueó esos intentos y boicoteó un acto de Prieto en Sevilla.[29]

---

[23] Juliá Díaz, Santos. 2004. P. 104.
[24] Véase: Ibid.
[25] Manuel Azaña y Díaz fundó en 1926 la Acción Republicana, una agrupación política progresista y republicana que se constituyó en partido político en 1930.
[26] Véase: http://www.abc.es/información/republica/cronologia06.asp
[27] http://www.historiasiglo20.org/HE/13a-2.htm
[28] En convenio con Rey Alfonso XIII estableció el 13 de septiembre de 1923 una dictadura militar de seis años. Sus hijos José Antonio y Pilar fundaron en 1933 el movimiento fascista de la Falange Española.
[29] Véase: http://www.abc.es/información/republica/cronologia06.asp

En los meses desde febrero hasta julio los conflictos entre los extremistas de ambos grupos políticos se agudizaron y llegaron a numerosos atentados y asesinatos. Los dos atentados más importantes y al mismo tiempo detonantes[30] para la Guerra Civil fueron los asesinatos de José Castillo y José Calvo Sotelo: Castillo era teniente de la Guardia de Asalto[31] y un militar perteneciente a la Unión Militar Repúblicana Antifascista (UMRA). El 12 de julio a pesar de rumores de que iban a atentar contra su vida, Castillo dio un paseo pasadas las diez de la noche por Madrid y murió en una emboscada a manos de cuatro pistoleros de la extrema derecha. Castillo fue solamente uno de tantos militares de la UMRA que fueron asesinados porque en aquellos tiempos hubo una ola de atentados contra los militares, probablemente por falangistas o carlistas.[32] Como reacción a eso, la compañía de Castillo asesinó el 13 de julio a Calvo Sotelo que era político de la Revolución Española,[33] fundó en 1934 el Bloque Nacional[34] y después de la victoria del Frente Popular fue jefe de la oposición. Aunque exigió varias veces la restitución del orden público y pidió a sus partidarios que desistieron de la violencia, fue víctima de un atentado por miembros de la milicia socialista y de la policía republicana.[35] El 17 de julio después de una rebelión de los nacionalistas y el movimiento de sublevación en Melilla (Marruecos) comenzó la Guerra Civil Española, después de una cadena de sucesos a lo largo de la Primera y la Segunda República que culminaron en el período más terrible de toda la historia de España.

V. Conclusión

La Segunda República Española fue un experimento sobresaliente en la historia de España. Las intenciones eran buenas pero la sociedad española todavía no estaba curtida para la república porque las "dos Españas" todavía estaban demasiado fuertes, especialmente en sus extremas, mientras los moderados de la iqzuierda como de la derecha no estabab aún consolidados. Especialmente durante los últimos meses antes de la Guerra Civil los moderados ya no podían impedir la radicalización de la sociedad a al fin la república no tenía fuerzas para sobrevivir una rebelión militar. La sociedad española estaba todavía demasiado dividida, por ejemplo Bernecker lo pone así: "En un lado era nacionalista-conservador, rural-católico, autoritario-monárquico y en lado era la España progesiva-cosmopolita, urbana-

---

[30] Véase : http//www.guerracivil1936.galeon.com/fpopular.htm
[31] La Guardia de Asalto fue fundado en 1932 por las autoridades republicanas como cuerpo policial para el mantenimiento del orden público y queda hasta hoy en día en manos de la Guardia Civil.
[32] http://es.wikipedia.org/wiki/Jos%C3%A9_Castillo
[33] Al contrario de los carlistas persiguió la Renovación Española el restablecimiento de una monarquía autoritaria bajo Alfonso XIII y sus descendientes
[34] El Bloque Nacional fue una asociación de los corrientes monarquistas, alfonsinos y carlistas.
[35] http://www.generalisimofranco.com/Calvo_sotelo/a.htm

8

anticlerical, liberal-republicana.[36] Así estaba de acuerdo con Antonio Machado[37] y la Generación del 98. Esta división de la sociedad española continuó durante el régimen de Franco (aunque reprimido o en el exilio) y hasta hoy en día existe abiertamente pero ya no es tan radical coma en aquellos tiempos de la Segunda República.

---

[36] Bernecker, Walther L. 2004. P. 14.
[37] Véase su poema LIII en Proverbios y Cantares: http://www.poesia-inter.net/amach188.htm

VI. Bibliografía

1. Literatura:

- BERNECKER, WALTHER L: Spaniens Geschichte seit dem Bürgerkrieg. 3era ed München: Beck, 1997.

- JULIÁ DIAZ, SANTOS: „El Frente Popular y la Política de la República en Guerra. Historia de España: Tomo XL República y Guerra Civil. Eds. Ramón Menéndez Pidal et al. Madrid: Espasa-Calpe, 2004. P. 99-168.

- UBIETO, ANTONIO et al. Eds. Introducción a la Historia de España. 8va ed. Barcelona: Teide, 1971.

2. Páginas de internet:

- http://www.abc.es/información/republica/cronolgía06.asp (fecha de acceso: 04.06.07)
- http://www.cervantesvirtual.com/historia/monarquia/borbones.shtml (fecha de acceso: 04.06.07)
- http://www.generalisimofranco.com/Calvo_sotelo/a.htm (fecha de acceso: 04.06.07)
- http://www.guerracivil1936.galeon.com/ (fecha de acceso: 06.06.07)
- http://www.historiasiglo20.org/ (fecha de acceso: 03.06.07)
- http://www.nodulo.org/ec/2004/n032p10.htm (fecha de acceso: 04.06.07)
- http://www.poesia-inter.net/amach188.htm (fecha de acceso: 03.06.07)
- http://es.wikipedia.org/wiki/CEDA (fecha de acceso: 03.06.07)
- http://es.wikipedia.org/wiki/Jos%C3%A9_Castillo (fecha de acceso: 04.06.07)
- http://www.guerracivil1936.galeon.com/fpopular.htm (fecha de acceso 18.06.07)
- http://www.historiasiglo20.org/HE/13a-3.htm (fecha de acceso 18.06.07)
- http://es.wikipedia.org/wiki/Frente_Popular_%28Espa%C3%Bla%29 (fecha de acceso: 18.06.07)